ÉLOGE FUNÈBRE

DE Mgr CASTILLON

PRONONCÉ A DIJON, LE 14 JANVIER 1886

PAR

M. L'Abbé DURAND

Chanoine honoraire de Dijon,
Vicaire à l'église métropolitaine de Toulouse.

TOULOUSE

IMPRIMERIE CATHOLIQUE SAINT-CYPRIEN

27, ALLÉES DE GARONNE, 27

—

1886

ÉLOGE FUNÈBRE

DE MGR CASTILLON

PRONONCÉ A DIJON, LE 14 JANVIER 1886

PAR

MGR L'ABBÉ DURAND

Chanoine honoraire de Dijon,
Vicaire à l'église métropolitaine de Toulouse.

TOULOUSE

IMPRIMERIE CATHOLIQUE SAINT-CYPRIEN

27, ALLÉES DE GARONNE, 27

——

1886

A. M. D. G.

Omnis gloria ejus ab intus.

(Ps. XLIX.)

Mes Frères,

Déjà deux mois se sont écoulés depuis que nous célébrions les funérailles du saint Evêque pour qui nous venons de prier. Mais vous vous souvenez, comme d'hier, de ce concours immense de peuple ; vous revoyez se déroulant le funèbre cortège : ces prêtres accourus de tous les points, de nombreuses communautés religieuses, la jeunesse des écoles, les élèves du sanctuaire, les représentants les plus élevés de l'administration, de la magistrature et de l'armée, les titulaires des chaires officielles, les ministres des cultes dissidents eux-mêmes qui avaient sollicité l'honneur d'accompagner la chère dépouille. Et vous n'avez pu oublier l'émotion profonde, la tristesse sympathique de tous ceux qui s'étaient venus grouper autour de ce cercueil. De nouveau, dans une année à peine, Dijon venait de perdre son premier Pasteur ; l'Eglise d'un grand diocèse était plongée dans le même deuil.

Mais tandis que la première fois, après l'éclat d'un long règne et d'un Pontificat fécond, je comprends des larmes, et des regrets, et l'expression touchante de la douleur d'un peuple qui connaissait si bien l'objet vénéré de tant d'hommages, ce que je m'expliquerais moins, si je n'avais cru en pénétrer le secret, c'est, la seconde fois, l'émotion de ce même peuple auquel la Providence avait bien plutôt montré que donné son nouveau Pasteur, « *magis ostensus quam datus ;* » c'est le saisissement de cette ville quand, au matin, le bourdon de Saint-Bénigne lui annonça la mort de son Evêque, c'est, pendant quatre jours, le concours inouï de fidèles à ce lit de parade, devant lequel cinquante mille âmes ont passé, dans cette attitude silencieuse et recueillie de vos foules ; c'est cette avidité à contempler ce visage amaigri que beaucoup voyaient pour la première fois ; c'est cette prière qui ne s'est point interrompue, et cet empressement à toucher ces restes, et cette confiance des pauvres mères en approchant, comme j'en ai vu plusieurs, les membres endoloris de leurs petits enfants, comme elles l'auraient fait des reliques d'un saint. Voilà bien ce qui m'étonnerait après un séjour si éphémère, si je ne savais que la beauté d'une âme éclate et subjugue en un instant.

Oui, M. F., c'est par la *beauté de son âme* que Mgr Jean-Pierre-Bernard Castillon intéressa si vivement et Dieu et les hommes. Vous-mêmes, recueillant ce qu'on vous en a dit et ce que vous en avez pu entrevoir, songez-vous à évoquer autre chose ? Non, ce qui vous touche, ce qui vous émeut doucement à ce souvenir, ce n'est pas l'éclat si fugitif, hélas ! de sa couronne de Pontife, c'est la beauté de son âme ; et ce qui m'apparaît également dans sa vie, ce que j'ai pu saisir dans cette intimité des derniers jours, ce qui m'a été plus d'une fois, à mesure que j'y pénétrais davantage, une révélation nouvelle et un étonnement, c'est aussi la beauté de son âme ! C'est parce que j'ai eu la grâce insigne d'être témoin de son dernier et plus vif éclat qu'on m'a confié le périlleux honneur de vous rappeler cette chère mémoire. Je l'ai accepté en tremblant : car s'il est vrai que j'ai devers moi l'image authentique de cette physionomie, il est vrai aussi que je ne saurai pas vous la peindre. Pour fixer dans un portrait ce quelque chose de doux, de tranquille, de pur, d'idéal qui compose la beauté d'une âme, il faudrait mieux que le pinceau suave et discret que je n'ai pas, il y faudrait la touche d'un saint. Et à côté du pieux Evêque, hélas ! si j'ai appris quelque chose, c'est à rougir de moi-même, au lieu d'apprendre à l'imiter. Pardonnez-moi donc, ô Père ! si en vous évoquant de ce tombeau, pour vous montrer à ce peuple au milieu duquel vous avez voulu rester, je laisse bien des côtés dans l'ombre, et je ne trace qu'une pâle esquisse au lieu d'un tableau vivant.

Qu'est-ce donc, M. F., qui fait la beauté d'une âme et comment s'est-elle manifestée dans notre saint Prélat ?

Je ne sais si je me trompe, mais il me semble que la beauté d'une âme c'est sa délicatesse ; et sa délicatesse me paraît ressortir de sa crainte du mal sous toutes ses formes et de ses efforts pour le fuir, comme de son désir du bien et de son ardeur à le poursuivre dans son expression la plus parfaite. C'est Dieu qui la met lui-même dans ses âmes de choix, par une grâce particulière. D'ordinaire, il la révèle par un attrait intérieur qui devient la forme pressante de son amour. Que cet attrait soit secondé par d'heureuses influences, cette âme prédestinée est une âme délicate : elle ne sera plus qu'un instrument docile entre les mains de Dieu. Ainsi en fût-il, M. F., de cet enfant qui devait être un jour l'Evêque de Dijon !

L'attrait intérieur ? Je le sens transpirer déjà dans cette première enfance, si pure, si simple, dans cet amour précoce de la vertu qui attire déjà l'attention.

Des influences bénies pour féconder ce germe ? Il y en a une tout à côté, et je n'en peux rappeler le souvenir sans saisissement, tant il y a toujours de douloureuses angoisses dans le cœur brisé de la pauvre mère ! Oui, sa mère, car vous savez ce que Dieu fait d'ordinaire, quand il a résolu de placer un de nous parmi les *princes de son peuple*. Il choisit dans la foule, sans prendre garde à l'éclat du nom, à la noblesse de l'origine. Dieu n'est pas si difficile pour ses berceaux, et le mystère de Jésus naissant est toujours dans l'Eglise ; mais il suscite, pour présider au foyer souvent vulgaire, une âme qui ne l'est pas, c'est la mère chrétienne, dévouée, forte et douce en même temps : ce fut la mère de Mgr Castillon. Pourquoi ne pas rappeler que c'est, avant tout, sous son influence pénétrante que l'âme de cet enfant s'ouvrit naturellement à Dieu ? Si tant de délicatesse et de foi surgit bientôt dans ce cœur, n'est-ce point parce qu'il fut sanctifié, après Dieu, par l'amour de sa mère ?

A cette influence maternelle, s'en était venue joindre une autre, celle du bon pasteur de village, devenu aujourd'hui cet aimable vieillard, que plusieurs d'entre vous ont vu ici-même, et qui vous appartient par le titre d'honneur que lui avait donné avant de mourir le fils préféré auquel il a eu la douleur de survivre. Bien des fois je l'ai entendu nous dire l'offre naïve qu'il avait faite de cette vocation entrevue au représentant officiel de Mgr l'Archevêque, et comme le coup d'œil sûr du Grand Vicaire était venu confirmer le choix du bon curé rêvant d'en faire un

autre lui-même. Il croyait peut-être le rêve un peu
ambitieux : le rêve sera dépassé! Mais l'inspiration
ne fût-elle pas mille fois heureuse, et faudrait-il
autre chose pour couronner de gloire ces cheveux
blancs? Ah! cet enfant d'élite a maintenant trouvé
sa voie! En présence de ce tempérament de saint
qui se forme toujours davantage pour le sacerdoce,
qui peut douter des desseins de Dieu? Est-ce que,
dès son entrée au séminaire, la lumière n'a point
paru, et dès lors, n'a point grandi à chaque pas?
Oui, c'est là vraiment que se formera la beauté de
cette âme. Tout ce qu'elle-même avait amassé déjà
dans ses luttes secrètes de foi, d'humilité, de pureté,
de dévouement, d'amour divin, n'attendait que ce
milieu favorable pour arriver à sa maturité. Que de
fois, en effet, les compagnons de sa jeunesse, témoins
de cette vertu précoce, et séduits par ce charme
grave et doux qui l'enveloppait, en ont rendu témoignage! Quelle délicatesse de l'âme dans cette fidélité minutieuse au règlement de la maison contre
laquelle il ne fut jamais enfanté; dans cette applica-
tion à l'étude, bien moins pour obtenir des succès
qui, d'ailleurs, ne lui manquèrent jamais, que pour
obéir à la volonté de Dieu, ce qui devait être la
grande loi de sa vie tout entière. Et cet apostolat, fait
de bonté et de tendresse auprès des jeunes enfants,
par lequel il s'efforçait déjà de préluder à sa vie
sacerdotale ! Et cette charité se faisant tout à tous,
qui le poussait, aux heures de récréation, avec la
permission de ses supérieurs, à poursuivre de ses
exhortations, de sa flamme communicative, ces pau-

vres, ces deshérités de nos places publiques, ces
Savoyards de notre Midi qui, dans l'attente quelque-
fois déçue de leur pain de chaque jour, eussent
oublié, sans lui, la nourriture de l'âme, ce pain
surnaturel qui, du moins, console, dédommage et
soutient.

Aussi, quand aura sonné l'heure du sacerdoce, il
est prêtre déjà dans toute l'acception du mot. Vicaire
dans un gros bourg de notre diocèse, ses paroles,
ses œuvres sont des paroles, des œuvres de maturité.
Appelé, par l'attention de ses supérieurs, sur un
théâtre plus vaste, dans une paroisse de la ville
métropolitaine dont il sera plus tard le curé, son zèle
pour le bien des âmes, l'ardeur de sa charité et son
angélique piété qui en est le principe, le désignent
bientôt pour prendre en main le gouvernail d'une
paroisse. Ce fut une attention particulière de la Providence de lui confier celle qui demandait, à ce
moment même, beaucoup de charité pour pacifier
des cœurs aigris, beaucoup de prudence pour ne
point froisser des susceptibilités légitimes, beaucoup
d'humilité pour ne pas vouloir, du premier coup cette
première place que la sympathie universelle lui dé-
cernait à l'envi après quelques mois. Charité, prudence, abnégation, tel est l'abbé Castillon dans les
divers postes qu'il occupe. Et quand cette âme, déjà
si belle, doit s'épanouir encore et révéler des trésors
cachés, la Providence le mène au Sacré-Cœur pour
qu'apparaissent aussitôt un tact exquis, une éducation
parfaite, une sagesse consommée dans le gouverne-
ment des âmes de choix. C'est là qu'il sut conquérir

en peu de temps une confiance dont il s'honorait, des amitiés précieuses, une reconnaissance qui ne lui fit jamais défaut, et dont le dernier témoignage venait le consoler ici même sur son lit d'agonie.

Que faut-il donc encore à une âme, qui inspire déjà tant de respect, pour qu'elle soit plus belle? Qu'elle sollicite la confiance et provoque l'abandon. L'âme de l'abbé Castillon eut cet honneur, et quand le vénéré Cardinal, qui gouverne toujours notre Eglise de Toulouse, voulut avoir auprès de lui le confident sûr, discret, dévoué, si nécessaire parfois aux dépositaires du pouvoir quand ils en sentent plus lourdement le fardeau, il choisit, pour y laisser tomber ses secrets, cette âme dont il avait apprécié l'exquise délicatesse. Cette faveur auguste ne devait jamais se retirer : la gloire de Mgr Castillon fut de la mériter toujours ; sa meilleure récompense de la posséder jusqu'à la fin.

Toutefois, M. F., il manquerait quelque chose à la beauté d'une âme sacerdotale si, à ces hautes vertus de prudence, d'humilité, de piété, ne venait se joindre ce qui fait la beauté souveraine du prêtre par excellence, de Jésus-Christ : l'immolation, le don de soi, le dévouement jusqu'au sacrifice. Sous l'abri que lui avait fait auprès d'elle la tendresse épiscopale, il y avait peu d'occasions pour un prêtre modeste de dépenser la sève généreuse de son âme. Le premier Pasteur du diocèse, soucieux de ne pas contenir cette charité débordante, heureux d'ailleurs de sacrifier lui-même son goût personnel à des besoins d'un ordre plus élevé, lui confia, après un essai heureux dans une paroisse populeuse où son souvenir est demeuré vivant, ce champ de Saint-Etienne qu'il devait féconder de ses sueurs et de ses sacrifices pendant quinze ans.

Voilà bien le théâtre qu'il fallait à son zèle, un immense débouché pour ce besoin qu'il avait de se donner. Eh bien ! M. F., cette sainte ambition a-t-elle été réalisée ? s'est-il vraiment donné ? Ah ! que ne pouvez-vous voir les œuvres de sa vie pastorale ! Comme elles vous parleraient éloquemment ! Et comme elles raviveraient encore vos regrets, en vous montrant avec quelle générosité il donnait tout ce qu'il pouvait donner : ses préoccupations, son temps, ses ressources, ses forces, sa vie elle-même ! Et au prix de quels sacrifices !

Ses préoccupations ? Il eut d'abord celle de succéder, à Saint-Etienne, à un homme dont on craignait de ne pas combler le vide. Il le savait ; sa profonde humilité s'en inquiétait : il lui fallut un premier et douloureux sacrifice pour accepter d'être le Pasteur d'un peuple dont l'affection et la docilité pieuse, gagnées en un instant, vinrent récompenser la généreuse acceptation.

Il lui en fallut d'autres, et de tous les jours, pour parer aux nécessités pressantes de son troupeau. Le nourrir, en lui assurant, bien mieux que le pain matériel, la parole de Dieu dont l'homme a surtout le besoin et le devoir de vivre ; mais lui donner un pâturage solide, abondant, varié. Administrer les sacrements, pour faire pénétrer dans les âmes la vie divine, distribuer le pain eucharistique, s'asseoir au tribunal sacré pour y inviter à la pénitence et au pardon des cœurs ulcérés dont le remords n'attend peut-être qu'une parole pour se transformer en repentir, ne sont-ce pas d'autres préoccupations et n'exigent-elles point de plus grands sacrifices?

Et puis, se lever de là pour veiller autour du bercail, y établir des œuvres de préservation pour y exercer cette vigilance inquiète : Associations de fidèles, Congrégations de jeunes filles, Patronages d'adolescents, Écoles chrétiennes ; créer, encourager et agrandir ces moyens de sauver ce qui est délicat, ce qui est faible, ce qui est timide. Et enfin, passant des souffrances de l'âme aux détresses du corps, s'efforcer de guérir les membres endoloris du troupeau, nourrir les uns, abriter les autres, prodiguer sans mesure des aumônes toujours moins grandes que les besoins ; ah ! je l'affirme, il y a là des sujets multiples de préoccupations incessantes. L'abbé Castillon alla au-devant de toutes ; et, bien loin d'hésiter devant le sacrifice, c'est dans le sacrifice que son âme trouva sa plus parfaite dilatation. Désormais, c'est le sacrifice qui achèvera, comme un creuset, la beauté de cette âme et donnera à cette physionomie si douce son côté le plus attachant.

Le sacrifice de son temps? Dès la première heure du jour, il était à ce confessionnal où s'est écoulé, pendant quinze ans, la moitié de ses journées ; et, s'il nous arrivait, le soir, de nous attarder sous ses fenêtres, chaque fois sa lampe nous disait qu'il s'attardait encore plus que nous ; et nous savions, hélas ! que chez lui c'était une habitude, ou plutôt une nécessité, de s'attarder toujours.

Et le sacrifice de ses répugnances ? Il les immolait toutes : celles du cœur, jusqu'à ne point paraître ému par un contre-temps, une déception ; celles de la volonté, jusqu'à poursuivre de ses bienfaits, et comme malgré elles, des âmes sans grandeur et sans reconnaissance ; celles de la nature enfin, et jusqu'à l'héroïsme, jusqu'à baiser avec un religieux amour, chaque fois qu'il s'approchait de son lit d'angoisse, la plaie hideuse d'un cancéreux dont ses proches eux-mêmes se détournaient avec horreur.

Et le sacrifice de sa charité ? Ah ! M. F., ici, je ne puis pas vous apporter des chiffres que je connais bien : ce que je puis pourtant vous dire, c'est que, pendant ces quinze ans, le Curé de Saint-Étienne, dont la vie austère ne connaissait rien des coûteuses délicatesses du bien-être et du luxe, a vu passer dans ses tiroirs de vraies fortunes ; et ce que je puis dire encore, sans manquer de respect à sa mémoire, mais au contraire en lui en faisant un titre d'honneur de plus, c'est que l'Évêque de Dijon est mort aussi pauvre que le plus pauvre d'entre vous.

Et vous n'en seriez pas étonné, M. F., si j'essayais de compter devant vous les œuvres de son ministère, autant de monuments de sa charité, sans parler de celles bien nombreuses que Dieu seul connaît. Pour les pauvres, un budget annuel gonflé comme un budget d'Etat ; pour les enfants du peuple, une école qui a été la grande œuvre de sa vie, comme les enfants avaient été sa constante affection ; l'extension providentielle d'une maison de préservation pour les orphelines ; pour une classe de personnes trop exposées à manquer d'appui, un abri hospitalier ; pour les restes de notre saint Etienne, un vrai bijou d'orfévrerie ; pour la maison de Dieu, la restauration magnifique des chapelles rayonnantes du chœur de la Métropole ; et pour peupler le temple, plusieurs générations de prêtres, avec le seul vœu qu'ils soient au ciel sa couronne.

A ce labeur incessant, par ces préoccupations de tous les jours, les forces s'usent vite : le vénéré Curé de Saint-Etienne en fit l'expérience, et, dans les derniers temps, alors qu'il était encore en pleine mâturité de l'âge, il en faisait l'aveu ; mais avec un sourire où ne paraissait ni un regret, ni la moindre velléité de changer son régime : « *Ego libentissime impendam et superimpendar ipse pro animabus vestris !* Ah ! c'est volontiers que je me donne et que je me sacrifie pour chacune de vos âmes ! » Ce n'était pas son excuse, il avait trop d'humilité pour la produire ; c'était du moins la règle de sa conduite et la seule inspiration de ses pensées. Qu'on ne lui parle pas de repos, pourtant bien légitime, et parfois absolument nécessaire. Si sa porte est toujours ouverte à tout venant, s'il sort fréquemment aux heures les plus avancées de la nuit, pour aller porter les secours de son ministère, sans permettre à ses auxiliaires, désireux de lui épargner tant de peine, de se substituer à lui, c'est parce qu'il sait que sa présence fait du bien, que sa parole console, que son sacrifice accrédite sa mission, qu'il fait souvent la fortune de ses pauvres. Et s'il vous faut une preuve nouvelle de son amour de l'immolation et de son désir d'aller puiser aux sources mêmes la vertu de Jésus-Christ crucifié, n'était-il pas un des premiers à entreprendre, malgré tous les conseils de la prudence humaine, ce pèlerinage de pénitence en Terre-Sainte, où, en feuilletant ses notes de voyage, mes yeux se sont mouillés de lire l'expression de son amour de la souffrance et de la Croix.

Aussi, M. F., est-il prêt maintenant à toute obéissance et à toute immolation. Il le faut bien, et c'est là que je vois surtout briller la souveraine beauté de son âme, pour que, malgré et son humilité profonde, et ses racines là-bas, et sa tendre affection, et les souvenirs du passé, et les incertitudes du présent, et les menaces de l'avenir, sur un signe du Souverain-Pontife, il consente à s'en aller de son cher Saint-Étienne. Il sent qu'il mourra peut-être de ce suprême sacrifice ! C'en est fait ! il le consomme dans un esprit de résignation paisible, comptant sur la grâce de Dieu pour lui en adoucir l'amertume,

et sur son infinie bonté pour lui donner quelque
valeur. Ah ! M. F., je vous l'affirme en toute
vérité, tout en appréciant l'honneur, qu'il disait
immérité, de recueillir une grande succession, dans
un des plus beaux diocèses de France, sur cette terre
classique du génie et de la sainteté, Mgr Castillon
n'avait pas été séduit par cet éclat de gloire
humaine ; de l'épiscopat, et si ce fut son malheur,
c'est aussi son droit à notre vénération, il ne vit que
les lourdes responsabilités. De cet anneau brillant
qu'on mit à son doigt il ne comprit que le symbole :
l'union avec son Eglise, union étroite jusqu'à
l'anéantissement de lui-même, jusqu'à la mort : ne
vous en a-t-il point donné la preuve en voulant que sa
dépouille demeurât ici, au milieu de vous, loin de sa
mère et de son pays ? Du bâton pastoral, il ne sentit
que le fardeau ; et de ce diadème des Pontifes il
n'aperçut que les épines dont il est aujourd'hui,
plus que jamais, douloureusement entremêlé. C'est
bien aussi sous cet air de sainte victime qu'il vous
apparut le premier jour. Le voyez-vous encore sur
ce trône appuyé, par une étrange coïncidence des
choses, à ce tombeau, pendant la lecture de sa propre
bienvenue qu'il n'avait pas eu la force d'adresser
lui-même à son peuple ? Parfois, il m'en souvient,
il levait au ciel ses yeux, comme pour prendre Dieu
à témoin de la sincérité de son sacrifice et de son
immolation sans retour. Et quelques jours après, je
l'entends répondre à nos encouragements, hélas !
sans conviction : « Non, non, je me sens blessé sans
remède ! Eh bien ! si je ne puis pas autre chose pour

mes chers diocésains, je puis au moins mourir, et j'offre de bon cœur pour eux le sacrifice de ma vie tout entière ! » Que doit-on dire de plus, M. F., quand on est arrivé aux sommets les plus divins de l'immolation et de l'amour ? Hélas ! la parole du saint Evêque devait trop se justifier ; et il est bien vrai que cet épiscopat, qui a duré quatre semaines, avant la dernière explosion du mal qui l'a ravi, n'a été qu'une lente agonie.

Pourtant ces quatre semaines avaient suffi pour vous révéler l'âme de votre Evêque ; la révélation avait été complète : je ne sais point d'autre cause pour m'expliquer à moi-même la profondeur des regrets dont j'ai été témoin et l'immensité du deuil. Vous l'aviez vu seulement deux fois, dans sa ville épiscopale, présidant à deux offices, et vous aviez été doucement émus par son angélique piété ; dans les rares visites qu'il avait pu faire ou recevoir, vous aviez été subjugués par l'aménité de son caractère, par la bienveillance de son accueil, par son aimable condescendance. Et vous, ô mes frères dans le sacerdoce ! réunis autour de lui, au jour même de son arrivée, vous aviez été aussitôt conquis par la sincérité et la distinction simple et vraie de sa parole, par cette charité dont il vous promettait des trésors inépuisables. Les Communautés religieuses, il en avait visité deux le jour même où il tomba pour ne plus se relever, avaient compris, en l'entendant, quel soutien sage, dévoué elles trouveraient en lui ; ceux qui avaient eu l'honneur d'être admis à ses Conseils, avaient été frappés de la rectitude parfaite

de son esprit, de la sûreté de son coup-d'œil, de la
modération de ses jugements, de l'abandon généreux
de sa confiance, et, par-dessus tout, de son immense
désir du bien. Et moi, infime, mais dont la vie a
été si étroitement mêlée à la sienne pendant la durée
de ce douloureux exode en Bourgogne, je puis
témoigner de la tendresse peu expansive, mais profonde de son cœur, de sa haute vertu, de son désin-
téressement si pur, qui lui faisait donner en *ex-voto*
pieux l'opulence fortuite de son épiscopat ; et dans
les dernières semaines de son agonie, que n'ai-je
point vu à ce chevet de douleur ? Une patience inal-
térable, une sérénité que n'a jamais troublé la
moindre plainte, une résignation absolue à la volonté
de Dieu, une flamme plus vive d'angélique piété à
ses derniers moments, et l'offrande joyeuse, inces-
samment renouvelée de son sacrifice.

Aussi, M. F., je ne suis pas étonné que déjà bien
des âmes, qui avaient été admises à l'honneur de son
intimité, soient plus tentées de l'invoquer que de
prier pour lui sous forme de suffrages. A Toulouse,
où on le connaissait si bien, c'est une opinion accré-
ditée qu'en perdant votre Evêque vous avez perdu
un saint. Dans cette grande paroisse, qui fut la
sienne, et au service de laquelle il m'a été à la fois
si doux et si douloureux de me remettre, on a voué
un culte à sa mémoire, et le culte grandit tous les
jours, bien que, d'ordinaire, le silence envahisse les
tombes. On est heureux d'obtenir, comme autant de
reliques, un souvenir qui ait touché le bien-aimé
Prélat. Et ici même, où il n'avait fait que paraître,

n'est-ce point la même pieuse vénération ? Ah ! je n'oublierai pas le religieux empressement des enfants de sa famille cléricale qui, depuis sa mort jusqu'à ses funérailles, n'ont pas quitté ses restes un seul moment, et avec quelle confiance ils mettaient sous sa protection leur avenir sacerdotal. Et quelques jours après, ne parlait-on pas même, en votre ville, avec une émotion profonde, de la guérison étrange d'un petit enfant, au contact de la chère dépouille ? Et, sans vouloir préjuger cette rumeur populaire dont je n'ai pas eu le temps d'examiner le fondement, il ne me coûte rien de penser que Dieu lui peut assurer le pouvoir de réaliser, dans des conditions meilleures pour sa gloire de Pontife, le bien qu'il n'a pu faire de son vivant.

Quoi qu'il en soit, et c'est par là que je finis. ce qui ressort de cette vie sacerdotale si pleine de grandes œuvres, et de cet Episcopat si riche d'espérances, c'est une pure gloire de sainteté. Or, de toutes les gloires qui peuvent perpétuer un souvenir, n'est-ce point la meilleure et la seule vraiment désirable ? Ah ! sans doute, les dons de l'esprit, le talent, l'éloquence, peuvent jeter un vif éclat et séduire les foules ; rien de tout cela ne trace dans la mémoire des peuples, le même sillon profond que, seuls, creusent les saints. Après quelque temps, dites-moi ce qui demeure de ces misérables hochets de la vanité ? Et je vous dirai ce qui demeure des saints : pour eux-mêmes, par le seul effet de leur action, toutes les promesses de la vie présente : le respect, la vénération, la tendresse, la fidélité du souvenir, tout ce que vous donnerez toujours à la mémoire de Mgr Castillon ; et par surcroît, ou plutôt pour couronner le reste, les promesses de la vie future que j'espère bien être déjà réalisées pour notre saint Prélat : la récompense de tant de mérites, la possession de Dieu, les joies du Paradis. Ce que les saints laissent après eux pour les autres ? Des œuvres durables de sanctification ; des germes qui se développeront pour le bien surnaturel des peuples, et donneront des fruits de grâce et de salut.

Je le sais, vous n'avez pas vu mûrir pour ce diocèse ceux que vous attendiez de votre Evêque frappé en arrivant. Que si vous aviez la tentation de vous en plaindre, ne le reprochez pas à la Providence dont les desseins, pour être insondables, n'en doivent pas moins être adorés. Gardez-vous même de toute commisération pour votre Eglise si douloureusement éprouvée depuis deux ans ! Dans cette succession rapide du plus court épiscopat au plus long de ce siècle, elle ne perd rien de sa grâce, et, par ce point particulier lui-même, elle acquiert cette beauté de l'Epouse des cantiques, dont l'Esprit-Saint nous dit qu'elle l'emprunte à la variété : « *circumdata varietate !* » Elle ne perd rien de sa force : une fleur jetée par le caprice du vent dans les joints d'une muraille, n'en compromet pas la solidité en se séchant ; et il me semble, au contraire, que toute floraison même éphémère qui vient dans nos bois s'attacher au tronc noueux d'un chêne entretient plus facilement ce qu'il lui faut d'humidité et de sève pour vivre. Et, dans tous les cas, M. F., vous le savez, cet épiscopat fut une œuvre de Dieu : or, les œuvres de Dieu crient vers lui deux fois, quand elles s'élèvent et quand elles s'écroulent ; bien mieux, il y a plus d'encens dans les pleurs que dans la prière, et le dôme renversé des autels me semble plus près de Dieu sous la poussière que dans les nues. Espérez donc pour l'avenir de votre chère Eglise en la mort, ou plutôt en la vie transfigurée de votre saint Evêque; il en sera du haut du ciel l'ange doux et protecteur. Ainsi soit-il.

Toulouse. — Imprimerie Saint-Cyprien, allées de Garonne, 27.